Muerte súbita interrumpida

Mario Aráez García

Aliarediciones

Corrección: Eladia Guerrero
Diseño de cubierta: Jaime Galisteo
Maquetación: Aliar Ediciones

Depósito Legal: GR 661-2024
ISBN: 978-84-10374-01-0

Impreso en España

MIXTO
Papel | Apoyando la silvicultura responsable
FSC® C127630

Edita
ALIAR Ediciones
www.aliarediciones.es
info@aliarediciones.es

Muerte súbita interrumpida

Mario Aráez García

No sirve de nada

El cuerpo se desfiguraba entre heridas provocadas
por el odio de mi ser, por el odio de mi alma.

Al salir por la mañana
(cuando el sol me aclama,
cuando el sol me cura,
cuando el día me ama)
descubrí que no era nadie,
descubrí que ya no hay calma.

Entre el cuerpo desfigurado,
entre las mentiras y el arma
que usaba para engañarme,
que usaba por la rabia
que me provocaba mirarme,
que me provocaba la trama
que urdían mis semejantes
entre tenebrosas miradas.

Allí descubrí que tras la muerte,
que tras tantas palabras,
el cuerpo que me aturdía
no me servía de nada.

Prefiero perder

Ante esta antropología del ganador de lejos prefiero al que pierde.
Pier Paolo Pasolini

Fijé lo que quería hacer en la vida,
pero,
¿dónde voy con este pellejo
que sobresale de mi cara?
Mamá me decía que llegaría lejos,
pero,
ahora que lo pienso
no sé dónde creyó que estaría mi lugar de llegada.
Una farsa y otra farsa,
¡ay, Pier Paolo, qué derrota tan mala!
Pier Paolo contestó:
No hay victoria que valga
si en los rasgos de tu ser
la derrota es el camino
que te lleva hacia la noche,
que te lleva hacia tu cama
para dormir abrazada
a la belleza de perder
que es mejor que ganar,
que es de personas sensatas.

Leopoldo

En honor a Leopoldo María Panero

Apagué la luz,
traté de leer a oscuras
y, obviamente,
no pude leer nada.
La sutura que supura
versos de piel en llamas,
versos que me maldicen,
versos que me gritaban.
«LLORO PORQUE NO LLORO».
Panero escribía encerrado
con su cuerpo atado
y el Haloperidol en vena
como persona psiquiatrizada.
¡Ay, Panero, lo siento!
Yo pasé por esa estaca,
pasé de pasar hambre
a pasar miedo de mí mismo
y después a sentir rabia.

Fuera de ti

Fuera de ti no hay nada.
Hay tiempo que no pasa,
hay voces que me hablan.
Fuera de ti,
no hay nada.
El tiempo pasa rápido.
O el tiempo no pasa.
Fin de la tragedia cuando probé tus venas,
bebí de tu sangre, dibujé unas estrellas.
El tiempo pasa rápido
o el tiempo no existe,
porque... ¿qué sería de mí
si el tiempo existiera?
Ahora estoy pensando en rezar todas las noches,
recitar mis versos, dormir entre las flores.
Pero, sinceramente, duermo solo
y sigo pensando
que no sé si el tiempo existe.
Lo que sí sé de forma segura,
que fuera de ti no hay nada.

Folio en blanco

Farfullando ante el folio blanco
que me provoca ceguera.
No sé ya qué escribir,
no tengo la certeza.
Hay algo que me persigue,
que me mata y no me llena,
que me hace que me ahogue,
que me exprime la cabeza.

Pienso en eso muchas veces,
pienso en eso todos los días.
Me hace que no me quiera,
me hace que no ría,
me hace que ya no sienta,
me hace que me suprima.

El folio en blanco aparece
y yo me siento incapaz
de escribir algunas líneas,
de escribir algo de verdad.

Matarla

Correteando entre
la línea que separa
las ganas de vivir
y las ganas de matarla.

No hablo de matar a nadie,
no es matarme a mí mismo,
solo quiero matar
la que me empuja al abismo.

Si a visitarme viene
la espero con un cuchillo.
«¡De aquí te puedes ir
o te mataré ya mismo!».

No me dejan morir

En la punta de la boca
he clavado una pistola,
pero el gatillo se encasquilla
y hasta morir no me dejan.
Yo que quise ser poeta
y ahora escribo en la mañana
tras dormir un par de horas
y añorar lo que pasaba.
Qué será de mí cuando las flores nazcan,
cuando el tiempo se apolille y nadie me reconozca.
Qué será de mí cuando nadie ya me quiera,
cuando viva a oscuras a causa de la ceguera.
En la punta de las manos
he clavado un cuchillo
para ver si el dedo sangra
y es que ni sangre tengo.

Victoria cuando no está

He intentado coger la inmortalidad en brazos,
he intentado unir el paraíso con la ausencia
de aquella que me come cuando no puedo resistirme.

He conseguido alejarla
y con el poso que me deja
he quemado varios poemas
que escribí cuando sí estaba.

He intentado unir recuerdos
con la presencia del que emana
tranquilidad y sosiego, es decir,
rasgos que para mí
son de presencia inhumana.

Ahora escribo sin que esté
y aun así le escribo,
no sabía si antes de ayer
podría escribir como testigo
de la sensación de victoria,
del cantar de los juglares
que hablan de leyendas intactas
y de varios de mis similares.

Ahora escribo sin percibir
lo que de normal percibo.
Dicen que esto es lo normal,
pero para mí todo es distinto.

Sentirme mucho menos

Fugazmente me siento como no puedo sentirme,
el recuerdo despedazado porque ya ni me acuerdo.
Me nubló la cabeza aquello que pensé,
el suicido apareció y pensé que era mi amuleto.

Al día siguiente... sentimiento de culpa,
el sentirme mucho menos de lo que ellos merecen,
sentirme mucho menos, sentirme mucho menos,
sentirme mucho menos y deseo de morirme ahora.

No quiero recuperar aquel sentimiento,
pero me ronda la cabeza y ya no sé qué hacer.
¡Ay! Sentirme mucho menos, sentirme mucho menos,
sentir que no soy nada y merezco perecer.

Pedazos de recuerdos

A mis padres

Me queda un pedazo de ti,
pero lo guardo entre recuerdos
para el día en que te encuentre.

Me duele mucho el pecho
cuando llega noviembre,
me duele mucho el cuerpo
y el dolor es para siempre.

Se van sin dejar rastro
del lugar donde caminan.
Pueden seguir la luz
pero no es la luz del día.
Es la luz de la noche
y los cuerpos clausurados
entre restos de roble,
entre restos de ébano.

Me duele mucho el pecho,
me duele mucho el cuerpo,
me dueles mucho tú
y todos los recuerdos.

Muerte inevitable

Al descubrir que todos acaban muriendo
me entró la congoja del neonato.
No pude explicar a mi madre
que cada día que pasaba
ella estaba muriendo.

El que crece muere
y el que muere está muerto.

Muere el que grita,
y por más que gritemos
la muerte acaba viniendo.
Me atormenta el morir,
si no me atormenta estoy muerto.

No me incumbe

No me incumbe el dibujar el trazo del aire,
al igual que no me incumbe ser portador de mis pesares.
No me incumbe el hambre en el mundo
cuando yo soy el que como.
No me incumben tantas cosas
y aun así las pienso solo.
No me incumbe la tristeza del que canta por las noches,
así como la alegría del que calla por la mañana.
No me incumbe la simpleza ni tampoco el derroche,
así como la dejadez y la ilusión en amalgama.

Lo que sí me incumbe es luchar contra la soledad,
lo que me destruye y la pena que es perpetua.
Me incumbe mi bienestar, el pecho sin enfisemas.
Me incumben tantas cosas que a la vez son tan simples
que es muy fácil decirlas, pero muy difícil hacerlas.

Marcharse

Discutí con Dios, por eso ahora me castiga
con un dolor de pecho que no creo que se vaya.
He pensado en marcharme lejos para hablar con él
forzando la puerta del cielo a fuego de metralla.
He pensado en irme lejos, he pensado en no volver,
he pensado en conocer a mis ancestros que ya no están,
he pensado tantas cosas cuando no tenía que pensar,
pero para marcharse hay que tener algo más que agallas.

Ahora estoy tranquilo y no es por tomar pastillas,
estoy tranquilo conmigo mismo y ya no pienso en marcharme,
sé que el dolor volverá, simplemente lo estoy esperando,
pero para cuando vuelva estaré más fuerte para plantarle cara.

Fragilidad

Me siento frágil como cuando murió mi abuelo
con la cabellera desgastada por el paso del tiempo.
Me siento frágil como en el último suspiro
del vivo que agoniza y ya sabe que está muerto.

Fui a cavar recuerdos para desenterrarlos,
con la ansiedad galopando y las pulsaciones a ciento cincuenta.
El cuerpo que me encontré al entrar en la cocina
y a mi madre en el ataúd sin abandonar la belleza.

Me siento frágil porque me siento solo
y la condición que acompaña es un avión en turbulencias.
Me siento frágil, pero menos que mañana
porque el día que sumo es el día que resta.

Perdedor

No sé si soy un perdedor o si me siento perdido,
he derrotado la alegría y ahora solo estoy dolido.

Soy un fracaso que va andando,
soy un fracaso con delirios,
soy un fracaso que no sabe
superar desafíos.

Pero si al final los supero
y saboreo la victoria,
seguiré siendo un fracasado
por el hecho de haber existido.

Me he golpeado tantas veces
y tantas veces he caído
que si caigo una vez más
no me da miedo el vacío.

Puede que sea un perdedor,
puede que esté perdido,
puede que sea muchas cosas,
pero no soy un cretino.

Pasos

Con dos pasos que avanzo son tres los que retrocedo,
cedo mi tranquilidad al diablo que con ella juega.
Si tengo que morir, me moriré entre versos
que escribo cuando la noche llega y me atosiga.

No hubo bienvenidas, solo hubo despedidas,
el crematorio se llevó unos abrazos por delante.

Si Dios existe y me marca algún destino,
se está divirtiendo jugando conmigo.
Si Dios existe y marca el día de mi muerte,
Dios no me acompaña, Dios es mi enemigo.

¿Te enfadarías?

¿Te enfadarías si muriera?
¿Si mi cuerpo se pudriera
entre trozos de madera?
¿De verdad te enfadarías
por no ir a la fiesta
que te harán nuestros nietos
cuando cumplas noventa?

Sobrevivir

Es duro sobrevivir a tu familia,
se va resquebrajando el sentido de la vida.
Mientras tú te mantienes
van cayendo unos y otros,
unos se van de viejos,
otros se van muy pronto.

Flores

Mirando una lápida cubierta de flores muertas,
yo fui quien las puse y se pudrieron a los días.
¿Cómo no morir cuando embelleces la muerte?
¿Cómo no morir si eres lo único con vida?

Si al nacer me hubiesen advertido
que viviría solo con la ausencia de sus almas
hubiese decidido quedarme en la barriga
y que fuese un accidente para que yo no saliera.

Me trago mis lágrimas con el recuerdo de tu ausencia,
me trago mi rabia y me trago mi ansia.
Completaría el camino que me lleva hacia lo oscuro,
donde el cuerpo está encerrado y ya no hay nada que valga.

«No insista, que he salido»

Me he hundido como Storni,
«no insista, que he salido»,
no insista, que me hundo,
no insista si no existo.

El poeta bebió de su veneno
y cuando apareció Dios
«no insista, que he salido».

El loco que lloraba resultó que era Panero,
«lloro porque no lloro»,
lloro porque he existido.

Lloré solo tantas veces
que hacerlo en compañía
es como desnudarse
con las lágrimas vertidas.

Lloro desde hace horas
con la certeza de que la tristeza
me acompañará de por vida.

Cuando venga la alegría
y las lágrimas aparezcan,
sí que diré tranquilo:
«no insista, que he salido».

Caminos

Cenizas de flor que me persiguen de día
barco que me dirige hacia otra bahía.
Aunque fueran cenizas, las flores florecían,
aunque fueran cenizas, las flores no caían.
Alamedas que se abren, alamedas que se cierran,
alamedas que no existen, caminos que me amedrentan,
caminos que supuran, caminos que sueltan hiedras,
caminos que yo persigo olfateando la menta.

Volver

No sé qué haré cuando vuelva a casa.
Cuando tras tantos días hablando a la luna
tú ya no te halles.
Puede que necesite una institutriz
para secarme las lágrimas,
para que me enseñe a vivir
entre soledad y tormentas.

Y necesito volver como volvió el invierno.

Primera confusión

Un navío que bucea sin gafas
es como una escafandra naciendo en la orilla.
Es como pedirle a Dios que clame por los vencidos,
un lloro de un neonato y un salmo arrepentido.

San Pablo me aportó una fragilidad que no imaginaba,
me dijo «muérete» para así encontrarse conmigo.
Lo siento, ya eres mi enemigo,
por llamarte santo y salirte del camino.

Un navío caminaba por la orilla y la escafandra buceaba.

San Pablo encontró a Pizarnik y tenía los ojos llenos de sangre.
Al final no había nadie que estuviese buceando,
ni navío, ni escafandra, ni gafas, ni san Pablo.
Lo único que era verdad es que Pizarnik murió,
pero no sé si con los ojos llenos de sangre.

Incrédulo

Me abate, me entumece,
como un yugo que me llega,
que me sigue y que me aprieta.

Cuando viene y no me deja
echo en falta tu presencia
que me busca en la mirada,
que me calma y que me llena.

Siendo yo un incrédulo
he creído para siempre
que me querrás como nadie,
que me dejarás quererte.

Tallado en mármol

Quisiera morirme,
lo siento si soy franco.
En mi entierro
desearía tantas cosas...
Pero si al fin descanso
lo quiero hacer contigo.
Que nuestros apellidos
aparezcan
tallados en el mármol.
Que me entierren contigo,
que me inmortalicen
en la memoria.
Solos tú y yo
y si hace falta nuestros descendientes.

Los leyó tu hijo

El silencio que aparece
como un rayo que no cesa.
Allí nació mi padre,
y aprendí a reconocerme
en poemas que él escribía
para sentirse algo,
y aunque nadie los leyese...
al menos los leyó su hijo.

Un deseo que me lleva
a escribir lo que escribo
es que los que lleguen con mi sangre
disfruten y aprendan
que plasmar sentimientos
es vivir con sentido.

Confusión

Santifico
a pensamientos intrusivos
que me acompañan de por vida.
Me dijeron: «Saldrás de esta»,
pero ni ellos se lo creían.

El retorno a lo que era
parece una despedida.
La estrofa anterior
la escribió el Yo que era antes.

Oler la mugre que acompaña
aquellos instintos.
Desde que me alejé de mí,
todo es distinto.
Aunque a veces no pienso
y vuelvo a ser el mismo.

En las alamedas te espero

El goce incorpóreo de pensarte.
Se abren grandes alamedas
si te tengo presente.

Como Allende,
no me saquen de mi casa.
Y mi casa eres tú
y decidiste elegirme.

Cómo agradecer algo
si Dios en verdad no existe.
Si tuviera que creer en algo
creería en el destino.
En el momento que cruzamos palabras
yo sabía que te quería.

Si algún día desaparezco,
te esperaré allí fuera,
donde la eternidad permea,
allí a ti te espero.

Interrupción

Me interrumpe
aquel pensamiento impuro
que no desearía tener.

Calma contra fuego,
sin pedir ayuda ni buscar apagarlo.

Simplemente
otro verso desechado.

Pero vuelvo a empezar,
se convierte en recurrente,
aun sin tener sentido.

Y me mancho
como un cerdo en el barro.

Y otra vez vuelvo a ello
y ya no sé ni cómo decir
que lo siento
por ser así,
porque todo mi entorno
merece alguien mejor que yo.

Sois bienvenidos

A Mame Mbayé y a otros tanto que son asesinados por las élites

Cuántas defunciones tendrá que haber,
cuántos ahogados,
cuántos sin asistencia médica,
cuántos convertidos en inhumanos.
Nacidos en alguna parte de África
buscan la paz
y el pan.
Nosotros en algún tiempo
también fuimos refugiados.
Muertos quemados
en naves no espaciales,
condenados a no ser ni un número,
a sobrevivir mediante delitos
condenados.

Como Munch

No pienso en un mundo sin ti.
Si eso sucediere
la blanquitud de las paredes
se mancharía de rojo dolor
o de negro vacío.

En realidad, no habría color.

El sufrimiento de la ausencia eterna
no podría palparse ni en cuadros de Munch.
Un pintor maldito loco
por la cercanía a la muerte
y a la enfermedad de los sucedáneos.

Acabaría como él
si lo que he dicho antes
sucediere.
Pero por fortuna sé lo que sientes
y que no hay duda de que es para siempre.

Cae

Cae la lluvia, pero no es lo único que cae.

Tal vez, la autoestima,
el sentirse una carga,
el sentirse siempre menos,
el sentirse como solo,
podrían ser esas cosas
las que están cayendo.

Afortunadamente
no es la realidad.
Estoy rodeado de gente
que me invita a ver su vida,
que disfruta los placeres,
que me llama y me motiva,
que me piensa por las noches,
y alguien que todo por mí haría.

La lluvia está cayendo
y eso lo hace todo más triste,
pero soy inteligente
y sé que la caída no es para siempre.

Alguien se fue

En el lugar que habitan las tinieblas emocionales
vinieron a contarme que ayer alguien se fue para siempre.
No le envidio,
aunque a veces querría intentarlo.
Parezco un nazareno
azotándome con el látigo.
Me fustigo para ver si reacciono
y lo único que consigo es un dolor de pecho.
La vida menguando,
el dolor in crescendo,
y todo el que me rodea
descansaría si muero.
No sé pedirle a Dios,
aunque a veces le rezo,
le escribo versos por las noches,
de esos a quien nadie enseño.
No grito por si me escuchan,
no grito porque nadie quiere escucharme,
si me oyen pasan de lado,
al final solo quieren evitarme.

Lo que permanece

Qué acechante mirada de la dama que vestía
de negra chilaba y con collares blancos.
Hay gente que la siente como si estuviese viva,
hay otros que la notan en los mendigos borrachos.

Yo hace tiempo que pasé por esa etapa
en la que no encontraba sentido a lo que ocurría.
Mi madre un día me dijo: «Cuida a quien te abraza,
huye de la barbarie y quiere mucho a tu familia».

Sigo el camino de los muertos como Charly Efe,
en la misma posición y escuchando a Iván Ferreiro.
No me hablen si no lloro, sigo pasando el duelo,
sé que la pena que no sale es la que permanece.

Luz

Ando comprendiendo
lo que significa esto.
El amor como bandera
y el beso como sustento.

Sentir que tengo casa,
sentir que ahora de nuevo
puedo sentirte a oscuras
y no me cegará lo negro.

Una parcela

Como una pesadilla que te despierta sudoroso,
como la muerte inesperada,
como vivir dolido.
Un estado incierto en el que la vida pierde sentido,
vivir así es vivir,
pero vivir sin ti...
es como vivir sin brío.
Caí y me levanté
solo para que tu orgullo
pueda sentirse arriba
(allí donde no llego).
Guárdanos una parcela
que iremos unos cuantos
a haceros compañía.
Recuperaremos el tiempo perdido,
preséntame a los viejos,
pero espérame sesenta años.

Frívolo

Escribí muchos poemas sobre la muerte,
pero al verla de cerca me parecieron frívolos.
Siempre pensándola
y hasta en alguna ocasión la deseé,
si ese es mi destino
con él me declaro díscolo.

Cuando me llegue que nadie llore,
que nadie sufra.
Que mi pérdida sea un reencuentro,
que ilumine el sendero,
que siembre la duda.
Que mi existencia sirva y tire del verso que empapa
a aquellos que quieren ver la belleza en los ojos del otro,
a aquellos que ya vienen, a aquellos del mañana.

No la quiero

Encerrado entre unos muros
o enterrado bajo tierra.
Quizás quemado y las cenizas
cayendo sobre la hierba.

Así acabarás tú,
así acabaré yo,
la muerte nos persigue.

Y el reguero de la piel
martilleada por el tiempo
hasta que no quede nada,
hasta que seamos viento.

Me persigue a todas horas,
a todas horas la pienso,
a todas horas me digo
que solo tengo miedo.

Lo frágil que somos,
lo eterno que seremos,
por ahora solo sé
que a la muerte no la quiero.

Reencuentro

Reviviendo los recuerdos
que me llevan al punto de origen.
Allí donde naciste
y donde migrando decidiste ser libre.

Han pasado varios años
y parece que fue ayer
cuando besabas mi cabello,
cuando solucionabas mis deslices.

Han pasado varios años
y yo tengo tanto daño
que me mata lentamente
y me aleja del rebaño.

Han pasado varios años,
pero ahora estás con padre,
que te quiere y que te cuida,
que te mece como el aire.

Otra vez, no me busquen

Desaparecer parece una opción viable.
Después de tantos días,
de tanta molestia,
de tanto malestar
y transmitir tristeza eterna...

Desaparecer parece una opción viable,
hay días que lo pienso,
hay días que reflexiono
y me parece una opción palpable.

Desaparecer parece una opción viable.
Tras tanto sufrimiento,
tras tanta congoja, tras tanto malvivir,
tras la pena que aflora.

Todavía lo estoy pensando.
Como Alfonsina voy a dormir,
no me despierten.
Decidle a quien yo quiero
que he salido, que me he ido,
que no busquen, que me entierren.

Fotos

He descubierto que las fotos
y todas esas cosas
que guardamos en cajones
no tienen valor
más que para el que lo siente.

He descubierto que si muero,
con el tiempo,
nadie me reconocerá en esas imágenes
igual que yo no reconozco
a mi tatarabuelo.

He descubierto que somos polvo y aire,
que somos un soplido,
que no somos nadie.

Una iglesia vacía

Una iglesia vacía no sé a lo que se asemeja.
Quizás a un ataque de pánico,
a un epitafio sin palabras
o a un bonito atardecer en el que no hay besos.

Cómo no estremecerse
cuando pase el cortejo
de camino a la nada,
de camino al entierro.

En una iglesia vacía
ya no existe ni el espíritu,
ya no existe el perdón
ni las paredes con lienzos.

En una iglesia vacía
quiero que me despidan,
para que el altar se llene
de adioses sinceros.

A la muerte

A la muerte he venido a cantarle,
como le oraba el creyente a Jesús,
a la muerte he venido a pedirle
si es posible morir en la cruz.

No por creencia,
sino por desatino,
no por creencia,
sino por destino.

A la muerte he venido a rogarle,
a la muerte, a la muerte he venido,
a la muerte, allá es donde voy,
a la muerte, a la muerte he oído.

Lo siento porque te esfumaste

Lo siento, madre, por no salvar tu vida.
Dirás que no diga sandeces,
que es una tontería,
pero en lo más recóndito de mi ser
lo digo muchas veces,
lo digo todos los días:
lo siento, madre, por no salvar tu vida.

Me siento culpable,
siento que no hice suficiente,
que te escapabas entre mis manos
y lo vivo quedándose indiferente.

Lo siento, madre, por no salvar tu vida,
tú me la diste,
parece que no supe dar
todo lo que de ti recibía.

¿Cómo será la muerte?

¿Cómo será la muerte?
¿Qué te hace pensar que descansas en paz?
Quizás infinitos pesares te atormentan en la nada,
quizás la ansiedad te acompaña hasta lo eterno.

¿Cómo será la muerte?
Me lo pregunto constantemente,
no encuentro respuesta,
pero la sigo buscando.

Si la hallas llámame,
estés donde estés,
para escribir un poema
que hable sobre ello.

La duda que habla

No estoy seguro de nada
excepto de que algún día moriré
y todos mis poemas
caerán en el olvido.
No sé si hago algo relevante,
no sé ni para qué existo,
si la vida es dura conmigo,
no lo sé, solo callo y no rechisto.
Si dudo entre la vida y lo contrario,
si estoy dudando entonces sí lo digo.
El día que no lo diga, tenedlo claro,
es porque en ese momento ya habré elegido.

Miedo a que no estés

Solo imaginar tu ausencia me da miedo.

No una ausencia voluntaria,
puede ser la muerte,
me da más que miedo.

Sentir que no podré olerte más,
no tener el deseo,
no decirte buenos días,
no saborear tus besos.

Me da miedo.

Creo que si te marchases antes que yo
me moriría por dentro,
no sería el mismo,
no sin ti desde luego.

Me da miedo.

Lo siento por imaginar esto,
pero valorar que nos queremos
es la manera de aferrarme
a la vida que tenemos.

Incomprensión

En la parálisis del sueño
se me aparecieron monstruos
y en ese interregno
pensé que estaba solo,
pensé que estaba muerto.

¿Cómo voy a estar muerto?
¿Cómo voy a no existir?
Me preguntaba por segundos.

Después visualice
todo lo que a mi alrededor pasaba.

Recordé coger a mi madre,
su corazón no palpitaba
y yo por dentro sufriendo,
muriendo sin venganza.

Todo recorre su espacio,
todo recorre su tiempo,
pero la vida y la muerte
es algo que no entiendo.

Conseguí dar sentido a lo que hago,
luchar por algo que quiero,
y aunque el concepto sea vago
es lo que yo prefiero.

Pero volviendo a mi consciencia
es algo incomprensible,
¿cómo se puede morir?

Imperfecciones

Quisiera ser perfecto
para no cometer errores
y que eso significara
que nunca te enfadares.

Quisiera ser perfecto
y que me busques siempre,
errar es un delito
si por eso te alejares.

Quisiera ser perfecto
no por autocomplacencia,
sino porque me quieras
y que de mí bien hablares.

No, no quiero ser perfecto,
quiero acompañarte
y que me quieras con errores
a pesar de los pesares.

Aprendizaje

He aprendido a desligar mi rostro
del sentimiento que acompaña
el funeral de los caídos en pena.
De los que gritan y nadie los escucha,
de los que escuchan voces y no saben cómo decirlo.

He aprendido tantas cosas
de mi método panóptico de estudiarme
que ya no conozco mi cabeza,
que ya no conozco lo que pienso.

He aprendido a ligar la felicidad
ante el vacío que deja un ser querido,
priorizar mi bienestar,
denostar inseguridades.

Sigo aprendiendo, sigo aprendiendo
a ser quien quiero ser,
a desligar y ligar, a aprender tantas cosas,
a que el siguiente día
sea en el que ya no sufra.

Camisa de fuerza en el barco

Voy con camisa de fuerza
puesta
por si algún día me vuelvo loco.

Puede ser vanidad
el motivo
por el que escribo escondido tras la puerta.

Pulcritud y simpleza
enconadas
en delirios desconocidos que a la tristeza me elevan.

Vuelta al delirio,
vuelta al pensamiento impío,
aquel que sacrifica felicidad,
aquel por el que escribo.

Vuelven los dioses,
vuelve el demonio,
vuelta a la vida,
vuelta al infarto.

De repente se va,
se aleja,
sin yo darme cuenta.

Duermo tranquilo,
¡NO!
Duermo nervioso.
Por eso pesadillas
me persiguen
y me llevan a lo horroroso.

¿Vuelta?
Más bien un viaje a la deriva
del barco que se halla encallado.

Habrá que volver a remar,
habrá que esforzarse.
Quizás no hay nada más
y tan solo es un bache.

Trauma

Pienso mucho en ella
por haberla visto tan de cerca,
en la cama cuando duermo,
y en verdad...
no me gustaría verla.

Recuerdo recorrer el pasillo
y ella estaba allí
diciéndome a gritos
que yo también iba a morir.

Recuerdo de pequeño,
intentando buscar el sentido
a la vida,
acordarme de los que se han ido
con la cabeza perdida.

Supongo que de verla tan de cerca
el trauma me persigue
e imagino ataúdes
como el muerto que gime.

Intento descifrar
qué hay después de lo que sucede,
si somos almas caminantes
o tan solo un cuerpo inerte.

Otro día más, la misma decisión

Lo más importante que haces cada día que vives es decidir no matarte.
Albert Camus

Hoy he decidido no matarme,
otro día más,
y creo que es otro día más
que he tomado la mejor decisión.
Hoy decidido no matarme,
he decidido que mi cuerpo
muera poco a poco,
que me consuma
eso que llaman vejez.
No creo que decida matarme nunca,
no creo porque estoy bien acompañado,
no creo que se apague mi vida,
aunque alguna vez se haya apagado.
Hoy he decidido no matarme,
no hay mejor decisión
que haya tomado hasta ahora,
estoy orgulloso de ella,
estoy orgulloso de verás,
estoy orgulloso de simplemente esperar
a que me llegue la hora.

No me olvides

Por si algún día un cáncer me come,
si algún día mis células me atacan.
Si algún día...
Si algún día ya no estoy
y lees lo que escribo
quiero que recuerdes
el tiempo que te quise,
el tiempo que pasé contigo.
Por favor, recuérdame,
aunque estés con otro hombre,
recuérdame
porque no quiero morir en tu memoria,
porque quiero que seamos eternos.

Quiero llenar habitaciones
con miles de recuerdos,
los besos y los viajes,
los hijos que tendremos.
Si algún día ya no estoy
no quiero que me olvides,
si algún día ya no estoy,
si algún día tú me escribes
por carta o por otro medio
estaré contestándote
aunque no encuentres respuesta.

Golpe

Golpe,
tras golpe,
tras golpe,
la pérdida y la ausencia
me ha dejado noqueado.
No sé cómo levantar la mirada
si el espejo está empañado,
y el vaho que me escupe
solo me habla del pasado.

Golpe,
tras golpe,
tras golpe,
y otro golpe que me empuja
que me hace caer en el barro,
y el lodo que respiro
lleva más cáncer que un cigarro.

Golpe,
tras golpe,
tras golpe,
y al parecer el último golpe
ha llegado y me ha matado
y en el cielo hay una puerta
y está mi abuelo esperando.

Voces

No estoy escribiendo este poema
si las voces me susurran
unas palabras inconexas.

¡Ay, las voces!
Que me tuercen la cabeza
y el desgarro que me llega
no sé cómo calmarlo
y me llevan a caminos
donde no existe la certeza.

Me susurran al oído
cosas que no entiendo.
No sé si hablan turco
o idiomas de sarracenos.

No escribo para mí,
escribo para ellas,
por si así se van
y encuentro la belleza.

¡Ay, las voces!
Qué sería yo sin escucharlas,
y las miradas que percibo
hacen que florezcan
más que marchitarlas.

Diez y media de la noche,
tengo miedo a dormirme
por si las voces son cuchillos
que me llevan a donde no quiero.

Creo

I

He visto que traen una bandera de un lugar desconocido
y no
no tiene colores
ni azul, ni verde,
no tiene colores.

La quisieron pintar de rojo
pero no tiene colores,
ni blanco, ni negro.

La libertad se trasluce en esa bandera
y es invisible,
como
por ejemplo
si amaneciera
y pudiese besarte mucho.

II

Yo que he sido víctima
de dictaduras impertérritas
y he vivido el exilio
en mis huesos enterrados.
Yo que creo que te quiero,
bueno
realmente estoy seguro,
pero tenía que camuflarlo,
puedo hablar de banderas
de invisibilidad
y de palpar tus pechos.

Perdón

Pido disculpas si mis poemas
no son siempre felices.
Pido disculpas por estar lleno de heridas,
por estar lleno de cicatrices.
Pido disculpas por hacer sentir tristeza,
por la pena que produzco.
Pido disculpas si la muerte acecha,
pido disculpas si me voy hacia lo oscuro.

No todo siempre es sonrisa,
no todo siempre es felicidad.
¡Qué aburrido sería el mundo
si siempre con una sonrisa
recorriese la ciudad!

Tampoco todo es estar siempre triste,
la vida a veces es feliz,
pero no siempre es lo que elegiste.
La vida puede ser un desliz,
la vida puede ser muchas cosas,
pero la vida es bella
porque tú, mamá,
fue quien me la diste.

In memoriam Francisco García García

En julio de 2022 te fuiste, pero siempre te recordaremos

No siento ni mis párpados
caídos en combate.
Abuelo, es porque te fuiste
y me dejaste siendo nadie.

De la vida a la muerte,
del toril al arrastre,
no quiero cambiar de tercio
aunque seas de buen encaste.

Me dicen que es ley de vida,
pero no termino de entenderlo,
no entiendo por qué se van
los que deberían ser eternos.

Abuelo, ya sé que te has ido,
pero me duele muy hacia dentro,
abuelo, por favor, vuelve,
te quiero decir te quiero.

Índice

Este libro se terminó de editar en Granada
en mayo de 2024 por

Aliarediciones

www.aliarediciones.es
info@aliarediciones.es